**parte
de
mim**

parte
de
mim

*daniele
tavares*

Este livro é para ela

"Um dia, em um espasmo de dor,
saiu de mim um texto."

Ucha Aratangy

"Haverá outro modo de salvar-se?
Senão o de criar as próprias realidades?"

Clarice Lispector

"Nunca teremos tempo para nos despedir direito, capriche nos encontros imperfeitos."

Fabrício Carpinejar

1

A tarefa primordial dos pais
é manter seus filhos vivos.
E eu falhei nisso.

2

Como falar dessa dor?
Ela é espessa, pesada,
escura, e me consome.

3

15/05/1994
21h45
Sexo Feminino
2,760 kg
48 cm
Tipo Sanguíneo A+
Apgar 1º minuto: 9
Apgar 5º minuto: 10
Parto normal
Hospital Santa Cruz
Quarto 104
Curitiba – PR – Brasil

4

Filha,
Hoje sonhei com vocês pequenos.
Estávamos nós quatro deitados na minha cama, e na tevê passava um programa daqueles de perguntas e respostas, que a gente tentava acertar antes dos candidatos. Apesar de serem quase quatro da manhã, não pegávamos no sono.
Começaram a chegar várias pessoas para dormir conosco – parentes, amigas, a madrinha já falecida há anos –, e eu fui distribuindo as pessoas pelas várias camas que havia na casa.
Você estava com medo, não queria sair dali, mas a cama estava apertada. Então peguei seu irmão e fui para o outro quarto, enquanto você agarrava o pescoço do seu pai. Logo em seguida, voltei para te buscar, dizendo que havia muito espaço no outro quarto, você precisava ir comigo ver o lugar, porque tínhamos nos mudado depois da sua morte, e você não conhecia aquele cômodo.
Você me disse que era engano meu, que dormia lá toda noite.
Acordei arrepiada.

5

Estou mutilada. Arrancaram parte de mim, não consigo mais estar inteira em lugar nenhum.

6

Quando você tinha dois anos, já era um serzinho falante e serelepe. Costumava ser muito obediente, boazinha, mas numa ocasião fez alguma coisa (que já nem me lembro) e eu falei:
— Não seja malcriada!
E você, resoluta, retrucou:
— Sejo sim!!

7

A hora de me deitar é sempre a hora do pesadelo. Independentemente do que fiz durante o dia, quando fecho os olhos, cai sobre mim uma sombra, e ela traz muita dor. Fico sozinha comigo mesma e não tenho mais para onde fugir.

Encarar a tragédia se torna inevitável.

Encarar a culpa se torna insuportável.

Só consigo enxergar o caminho da morte.

8

Como vamos dar uma notícia
dessa ao seu irmão, ao seu
adorado Menino?
Como vamos contar para
todo mundo que eu deixei
você morrer?
Nunca mais seremos nós quatro.
Estamos partidos,
perdidos.

9

04/09/2011

Hoje começou meu primeiro dia como canadense.
Estranhei bastante, demorei um pouco para sair do quarto por causa do medo, mas fui.
Minha "hostmom" me levou para dar uma volta e comprar coisas que eu precisava da farmácia. Fomos num petshop e numa loja de artigos esportivos no shopping (um dos dois da cidade).
Vi muitas coisas diferentes, desde só ter camisetas de hockey, até porco-espinho de estimação.
Ontem, quando cheguei em Nanaimo, o Vitor e a Colette estavam me esperando com um cartaz escrito "Welcome, Manoela". Conversamos um pouco, pegamos as malas e fomos para casa. O começo foi meio constrangedor, todo mundo procurando o que dizer. Conheci depois o Kyle, a Gabrielle e os bichinhos, Boots, Woods e Jack. Dei os presentes e todos colocaram as havaianas na mesma hora, e o Kyle vestiu a camiseta.
Hoje, depois do shopping, a Colette me levou para a praia, para passearmos com o Jack, um labrador preto.
Fico impressionada como as coisas são calmas e lindas.
Na volta, eu consegui ver um Bambi!

Ela me disse que leões-marinhos e ursos podem ser avistados por aqui, e que até existem táticas para se defender de ataques de urso. Mas, se você se deparar com um cougar (gato enorme que come gente), só reze.

10

Há trinta anos, o pai de uma amiga morreu, ela era uma adolescente ainda, e eu fiquei compadecida pensando que devia ser horrível o dia seguinte. Acordar e lembrar de tudo o que tinha acontecido, sofrer a dor toda de novo, e de novo, e de novo, a cada despertar, até entender que não haveria volta.
Mas a morte é tão absoluta e poderosa que você a descobre de uma vez só.
A pessoa pode estar acordada, dormindo ou sonhando. A morte é soberana e inquestionável, e passa a fazer parte de cada célula, aquela realidade passa a fazer parte daquela pessoa.

11

Dizem que quem perde um filho sente uma dor indescritível. Eu não sei dizer nem se isso é dor, ou se é alguma coisa para a qual não temos um nome. Um sentimento que persiste apesar do tempo, um sentimento que paralisa. Que nos distancia da realidade, porque não a aceitamos. Um buraco que carregamos ao mesmo tempo que estamos preenchidas de amor. Uma saudade que cavalga desenfreada, um desespero por querer tê-los nos braços outra vez. Não conseguir dormir, e ter uma vontade de nunca mais acordar.

12

"O relógio é lento na dor."

Adriana Domingos

13

Às 14h, o médico disse que eu parasse de me preocupar. Estava tudo bem, no dia seguinte iríamos para casa, não haveria nenhuma sequela e a vida seguiria normalmente.
Estava tudo sob controle, seu pai foi para o escritório, depois ia pegar um cinema com seu irmão, que estava meio largado com toda aquela confusão.
Às 19h, pedi para o seu pai voltar.
Às 21h, fomos chamados na recepção da UTI.
"É muito, muito, muito grave."
Essas foram as primeiras palavras do plantonista.
As horas passavam e as coisas não faziam muito sentido.
Líquido no pulmão, intubação, leve melhora, paracetamol, hepatite, transplante de fígado, falência renal.
Às 4h30 da madrugada, o médico nos chamou para dizer que a diálise não tinha funcionado, e que não havia mais nada que eles pudessem fazer.
A última coisa que eu *disse*, foi apontar para as minhas costas, indicando o meu rim, com desespero e pavor.
"Não há mais tempo para isso."
Nesse momento uma enfermeira tocou levemente o ombro dele.
"Parou."

14

24/11/2015
04h45
21 anos
Solteira
Estudante
Não deixa filhos
Causa Mortis Indeterminada
Foi solicitado carro de cadáver para
deslocamento do corpo ao IML.
Hospital Albert Einstein
São Paulo – SP – Brasil

15

Bucket list

1 – Me casar
2 – Ler 1000 livros
3 – Escrever um livro
4 – Beijar na chuva ✔
5 – Escalar o Everest
6 – Saltar de paraquedas
7 – Fazer um estranho sorrir ✔
8 – Ajudar alguém a realizar um sonho ✔
9 – Aprender a pilotar avião
10 – Ver um bebê sorrir pela primeira vez
11 – Ter filhos
12 – Correr num Mustang
13 – Conhecer o Japão
14 – Fazer um safári na África
15 – Fazer as minhas próprias roupas
16 – Distribuir presentes para estranhos
17 – Fazer um filme
18 – Ter um pombo correio
19 – Fazer alguém acreditar em fadas

16

Não gritei, não chorei, não tive nenhuma reação.
Eu só queria ver você.
Nos ofereceram uma sala, nos sugeriram sentar, tomar uma água, tentar processar.
Mas eu tinha urgência, precisava ficar com você.
Quando eu te olhei, naquele leito de UTI, linda, serena, num sono de paz e gelo, eu não te peguei no colo.
Por que não?
Fazemos cerimônia para a morte, como se ela pudesse nos fazer mais mal do que já fez.

17

"A verdadeira dor é indizível."

Rosa Montero

18

Fui fazendo o que precisava ser feito, tomando as decisões que nenhuma mãe deveria ter que tomar.
Levar você para Curitiba — é lá que a família e os amigos estão.
Vamos cremá-la.
Espalhar as cinzas pelo mundo.
Como se sobrasse algum mundo depois que você partiu.

19

06/12/2011

Hoje foi um dia cu.
Cheguei na escola super cedo para nem precisarem de mim. Deitei numa cadeira e fiquei dormindo. Recebi novamente o comentário de "nossa, você está acabada, estou com pena de você".
Ser linda é para poucos.
...chorei no filme porque era bem triste, mas depois não conseguia parar! Acho que estou mega estressada e fiquei doente "sem a mamãe por perto". Fiquei nesse estado deplorável por algum tempo...
...o ensaio de figurino foi bom, nem acredito que amanhã já é a estreia! Cheguei em casa e fui deixar um recado para mamãe, dizendo como tava sentindo falta deles e tudo mais.
Acho que a saudade finalmente bateu.

20

Sonhei que você tinha três anos e estava sentada, brincando em frente à tevê. Me distraí um segundo e, quando me virei, estava tudo inundado, não conseguia mais te ver.

Entrei em desespero e mergulhei. Você estava embaixo d'água, contando nos dedinhos por quanto tempo conseguia prender a respiração.

Te arranquei de lá e te salvei.

Acordei me sentindo uma heroína e uma incapaz.

Por que não consegui te salvar na vida real?

21

Surreal.
Do leito da UTI até a capela mortuária, você foi transportada com um lençol cobrindo seu rosto.
Surreal.

22

> "... E o futuro,
> É uma astronave
> Que tentamos pilotar."
>
> **Toquinho**

23

É tão inconcebível que eu não possa fazer nada.

24

Cápsula do tempo 1

De: Manoela
Para: Manoela (abra aos 20 anos)

- *Se ainda não estiver na faculdade, não é o fim do mundo;*
- *Se conseguiu entrar na PUC, parabéns, se é caloura da USP, super parabéns!*
- *Não corte franja;*
- *Absolutamente, de forma alguma, deixe seus cadernos feios;*
- *Não perca o contato com as meninas, elas são importantes;*
- *Faça loucuras, você não vai ser jovem para sempre;*
- *Deixe teu cabelo comprido, você gosta dele assim;*
- *Viaje com os amigos;*
- *Não tenha medo de puxar assunto, é assim que se faz amigos;*
- *Não deixe de viver por causa dos estudos;*
- *Continue guardando dinheiro para o futuro;*
- *Leia pelo menos 5 livros da sua lista;*
- *Vá ao cinema, mesmo que sozinha, você adora isso;*
- *Faça registros, é legal ler depois;*
- *Faça exercício, o futuro agradece.*

25

Em vinte minutos, os amigos-família paulistas chegaram para nos colocar no colo. Carinho espocando de todo lado. Tomaram as providências que seu pai e eu não tínhamos forças pra tomar.

Eu entrei num transe e te *despari*. Coloquei você para dentro de mim outra vez, num espaço profundo no meu peito, onde ninguém além de mim podia acessar. Fiquei do seu lado, enxugando um líquido cor de cobre que escorria da sua narina direita, porque queria você bonita para quando seu namorado chegasse.

Era como se eu olhasse tudo de longe, de uma distância segura.

Igual ao fogo. Não dá para chegar muito perto que você se queima.

Eu estava ali, passando por todas as etapas que chumbavam meu corpo ao chão e, ainda assim, parecia que eu flutuava, como um balão de gás, prestes a escapar de uma mão qualquer, fugindo cada vez mais para cima, cada vez mais para longe, para um espaço onde aquilo não tivesse acontecido.

26

Não lembro mais qual era a tua comida preferida.
NÃO ME LEMBRO.
Vasculho em todos os cantos da minha memória, mas não consigo me lembrar. Já sinto você me escapando.
Tenho tanto medo de te esquecer. Esquecer teu rosto, tua voz, tua risada, teu cheiro.
O que mais quarenta anos de saudade farão comigo?
Será que algum dia eu vou olhar as fotos e você será uma lembrança distante?
Espero morrer antes disso.

27

Voltamos para casa e separei a roupa com que você seria enterrada. O vestido de raposa (seu preferido), seu coturno de nobuck amarelo e o casaquinho preto que a gente disputava.
Coloquei umas roupas quaisquer numa mala, e fomos para o aeroporto.

28

Quando você tinha três anos, fomos a um otorrino, e ele nos disse que você estava com muita cera no ouvido direito, e que seria necessária uma aspiração.
Eu disse, nossa, deve ter uma abelhinha aí dentro, para fazer tanta cera.
Terminado o procedimento, o médico elogiou-a, dizendo que nem os pacientes adultos ficavam tão imóveis como você tinha ficado.
Muito séria e preocupada, você perguntou:
— Conseguiu tirar a abelha daqui?

29

Eu estive bem por algum tempo, e gostaria de não ter estado.
Uma mãe que perde uma filha não pode ficar bem.
Hoje eu entendo que estava petrificada de culpa e dor.
Em choque, em negação, completamente anestesiada, incrédula.
Catatônica.
Chegamos em Curitiba na noite anterior ao velório, às oito da noite, e fomos comer cachorro-quente na sua lanchonete favorita.
Fomos comer cachorro-quente, enquanto você estava sendo transportada num caixão, num carro fúnebre, em direção ao seu velório.
Onde eu estava com a cabeça?

30

Durante o velório, lembro de me preocupar com o que eu deveria fazer.
Eu sabia que ali todos os olhares estavam pousados em mim.
Com pena?
Com receio do que fazer, do que dizer?
Com medo?
Como se isso fosse contagioso?
Eu só queria ficar ao seu lado, e o ar devastador da capela deixou quase todo mundo do lado de fora.
As mulheres da família ficaram por perto. Mas cada uma cuidando da sua dor.
Acho que ninguém estava cuidando de mim, a mãe da menina morta.
Como não passei mal, não me joguei no chão, não me agarrei ao seu caixão, nem gritei desesperada, talvez as pessoas tenham pensado que eu era forte.
Mas não sou.

31

Minha avó materna e eu sempre tivemos uma ligação especial. Ela é a minha fonte de carinho, minha guia espiritual, meu modelo de resiliência e força.
Naquela manhã, perguntaram se ela (que já estava senil), queria ir ao velório.
— O que eu vou ver será algo triste?
— Muito, muito, muito triste.
— Então não quero ir.

32

Quase Festa de Aniversário – Magic Disney

*Queridos amiguinhos, no dia 15 de maio, eu faço
21 anos, virando oficialmente adulta em todos os
países do mundo!*
*E nada mais justo do que comemorar essa data especial
bebendo até cair, vestidas de princesas da Disney
(os meninos, obviamente, estão convidados a fazer
o mesmo).*
*Mas como eu sou uma pessoa SUPER generosa, vou ampliar
o tema para personagens da Disney num geral, pra facilitar
a vida de vocês. Se você faz parte do grupo que não recebeu
esse benefício, não adianta, porque é princesa e ponto final
(sim, estou falando com você, Giullia).*
*Lembrando que o importante não é ficar bonito, mas sim rir
e se divertir.*
Apareçam e me façam feliz.

*PS.: Eu sei que não devia ter que ficar repetindo isso, mas
amiguinho não caracterizado NÃO ENTRA. Não é difícil,
gente, vocês conseguem improvisar.*
*PS.2: Muitas das fantasias serão feitas de TNT, então
REALMENTE não tem problema de ficar bagaceiro.*

33

Eu lembro dos abraços.
Dos muitos abraços de urso que recebi, dos "eu amo você" sem fim que me mantiveram de pé durante
o velório.
Lembro de um mar de gente, surgindo de vários lugares do Brasil. Gente de todos os cantos, de todos os tempos.
Lembro do carinho chegando de outros países.
Coroas, coroas e mais coroas.
Eu só queria ficar ao seu lado. Lembro de acariciar o seu nariz arrebitado e as suas mãos delicadas até o último momento possível, tendo a completa noção de quanta saudade eu sentiria daquele toque.
Mesmo estando num caixão, você ainda estava nas minhas mãos.
Depois, só o vazio.

34

Etiqueta do luto

1) Por favor, não me peçam para ser forte pelo meu filho.
2) Por favor, não me digam que Deus sabe o que faz.
3) Por favor, não me iludam que a minha filha está num lugar melhor.
4) Por favor, não imputem à minha filha a responsabilidade pelo meu ou pelo seu bem-estar. Ela não está e nem estará cuidando de ninguém. Ela mal deu conta dela mesma.
5) Por favor, não se iludam que sabem como eu me sinto.
6) Por favor, não se constranjam quando eu falar o nome dela.
7) Por favor, escutem as minhas histórias, mesmo que repetidas mil vezes, e compartilhem comigo as lembranças que vocês têm dela.
8) Por favor, não me peçam para eu parar de chorar.
9) Não me acusem de estar causando sofrimento à minha filha com a minha saudade e o meu desespero.
10) Por favor, não me julguem dizendo que já se passou muito tempo.
11) Por favor, não decidam que essa perda não pode me definir.

12) Por favor, não se assustem quando eu me desorganizar. Para continuar em frente, preciso morrer de vez em quando.
13) Por favor, não se enganem, e não me enganem, que a vida continua.
14) Por favor, não me digam que eu preciso superar, não esperem que eu supere.
15) Por favor, não se afastem de mim por ser constrangedor a vocês, por não saberem o que falar ou o que fazer.
16) Por favor, não desistam de mim, não me abandonem. Nada precisa ser dito, nada pode ser dito ou feito, para aliviar essa tragédia. Nem eu mesma consigo administrar a minha própria tempestade. Apenas fiquem do meu lado e segurem a minha mão.

Eu, _____, me comprometo com os termos acima.

_____, ___ de _____ de 20___.

_____
(sua assinatura)

35

Quando voltamos para São Paulo,
vi o circo no caminho de casa.
O circo ao qual tínhamos combinado de ir juntas.
Ali entendi que não haveria mais o depois.

36

> "Bem que se quis
> depois de tudo ainda ser feliz,
> mas já não há caminhos pra voltar.
> E o que que a vida fez da nossa vida?"
>
> ***Nelson Motta / Pino Daniele,***
> ***na voz de Marisa Monte***

37

Eu não sei precisar em que momento a coisa começou,
mas eu fui me afastando daquela realidade,
me afastando de mim mesma, em direção a um lugar
de espectadora da minha própria vida.
Porque aquilo não podia ser a minha própria vida.

38

Quando coloco a mesa para o jantar, minhas mãos
já não trazem quatro pratos. Não pego mais o celular
para te ligar e sei que você não mandará mensagens
no Whats ao longo do dia. Sei que não vai mais chegar
da faculdade segurando a sua mochila com as duas
mãos na frente das pernas dizendo "olá, catiôrros",
pro Yoda e pra Dharma.
Sei que não vai mais almoçar conosco, contando
histórias ou elogiando a comida da Rose.
Sei de tudo, mas o labirinto é escuro, confuso,
amedrontador.

39

Quando você tinha quatro anos, fomos passar a Páscoa em Florianópolis, com seus avós.
No domingo, depois de você achar muitos ovinhos e chocolates pela casa, fomos almoçar num restaurante. Encontramos uma amiga que te perguntou se o coelhinho tinha passado na sua casa, e você disse convicta que não.
Todos nos entreolhamos e a tua avó, indignada, perguntou:
"Como não, você não ganhou um monte de chocolate?"
"Sim, ele passou na casa da vovó, não na minha…"

40

A vida é essa que está aí.
Nessa versão, ou você se mata ou eu te mato.
Depende só do ponto de vista.

41

Por que será que somos feitos dessa matéria, tão falíveis?

42

01/11/2011

Cara, foi lindo – milhares de pessoas fantasiadas. E TODOS os brasileiros foram a caráter, coisa que jamais esperaria. De noite fomos pedir doces nas casas e foi loucamente perfeito. Mais uma vez, me senti num filme! (O problema é que minha fantasia – Batgirl – tinha muito pouca roupa, então quase morri de hipotermia.)

43

Depois de voltar para casa, lembro de receber
uma visita ou outra. Não queria ver ninguém,
não queria interagir com ninguém.
Quando a gente fala em voz alta, a coisa vira verdade.
"Aquilo que não se nomeia é como se não existisse."
Necessitava de silêncio e solidão, de recolhimento,
como preciso até hoje.
Eu dormia, dormia, dormia, dormia, dormia, dormia
e dormia. Às vezes, na sua cama.
Dez dias depois, eu voltei às minhas aulas de natação
e foi lá que consegui chorar de verdade. Ninguém me
escutava, minhas lágrimas se misturavam ao cloro.
Dava braçadas vigorosas, tentando machucar um ser
invisível e infinito, que deveria nos cuidar e proteger.
Eu nadava e chorava. Eu chorava e nadava. Depois
chorava baixinho no chuveiro, até conseguir me
recompor e voltar para casa.
E daí dormia.

44

Eu chorava escondida.
Não queria que seu irmão e seu pai me vissem mal, me achassem fraca, se sentissem insuficientes para mim.
Não queria que eles ficassem tristes (isso era possível?) ao ver a minha tristeza.
Um dia seu irmão entrou em casa e perguntou se eu tinha chorado. Eu disse que sim, como ele sabia?
— Porque sua maquiagem borrou toda.
Parei de me maquiar.
Não tinha sentido continuar me disfarçando.
Maquiagem não era mais vaidade, era evidência.

45

Quatro quilômetros separavam a academia de natação da nossa casa. Eu já fazia o caminho no piloto automático, e na maioria das vezes, chorando.
Chorar, apenas sozinha, para ninguém profanar esse momento.
Naquele dia, começou a tocar Tim Maia, e eu me deixei levar por ele.
"Não sei por que você se foi, quantas saudades eu senti, e de tristeza vou viver, e aquele adeus, não puder dar".
O volume da minha voz subiu rápido em pleno descontrole. Num segundo eu estava urrando ao invés de cantar, batendo a minha mão com força no volante, a vista embaçada pela dor, enquanto ele indiferente, continuava:
"Você marcou a minha vida, viveu, morreu na minha história, tenho até medo do futuro, e da solidão, que em minha porta bate."
Essa catarse pós-natação virou rotina na minha vida, e como a arte se alimenta do amor, ou de feridas abertas, todas as músicas cabiam na minha dor.
Não deviam permitir que mães enlutadas dirigissem.

46

Três semanas depois, entregaram as capivaras de pelúcia que eu tinha comprado de presente para você. A caixa de doces da Hannah também ficou na sala, pronta para ser despachada, até eu ter forças de ir ao correio mais próximo.
Chegou o Natal e passamos presos numa teia de tamanho terror que não mencionamos a sua morte. Fingimos que dava para fingir.

47

> "Já faz mais de um mês que ela morreu
> e eu temo a morte da morte"
>
> *Noemi Jaffe*

Me pego com frequência refazendo tudo o que aconteceu naqueles dias, e me pergunto como eu te perdi tão rápido.
Fico repensando cada detalhe, tentando achar uma forma de desfazer esse mal-entendido, de encontrar uma versão onde você volte para casa inteira, colorindo nossa vida, como sempre fez.
Revivo a tragédia a cada minuto do meu dia, para achar a brecha de voltar tudo pra trás.
Me apego a essa agonia, com medo de não me sobrar nada de você.
Será que um dia o tempo voltará a ser linear ao invés desse eterno looping de dor?

48

> "Vai minha tristeza e diz a ela
> Que sem ela não pode ser"
>
> *Vinicius de Moraes e Tom Jobim*

Penso em você em todas as horas, o tempo todo, e isso me ajuda, mas não te repõe. A tua falta é visceral e contínua. Dou pequenos soluços involuntários, como criança tentando domar o choro que ainda nubla seu peito.
Por que meu coração continuou a bater quando o seu parou?

49

Sonhei que você estava muito abatida porque sabia que iria morrer. Eu também sabia, e te beijava muito, fazia carinho no seu rosto. Eu te pedia: imagina se você explodisse e imediatamente descobrisse que você podia falar oito línguas ao mesmo tempo. Como seria?
E se descobrisse que não tinha mais peso, que podia voar, e nunca mais sentiria dor alguma?
Assim por diante, fui te contando como seria espetacular morrer. Você me disse que não acreditava nisso. Eu te pedi para confiar em mim, e te pedi também que, assim que chegasse no céu, se empenhasse em me mandar um recado. Falei que seria difícil e que exigiria esforço, mas te pedi para se comprometer com isso.
Acordei angustiada, mas quando desci para tomar o café da manhã no hotel, na mesa ao lado tinha uma bebê que não parava de me olhar (uns oito meses talvez). Quando a mãe disse: "Olhe aqui, Manoela", fiquei feliz e intrigada ao mesmo tempo.

50

Quando estávamos na estrada ontem, desejei um acidente sem sobreviventes, assim poderíamos voltar a ficar os quatro juntos.
Mas nada aconteceu e voltamos para casa em segurança, nessa nova rotina onde busco uma tragédia para tentar apagar outra.

51

Durante algumas semanas (talvez meses), eu rezei para que me deixassem ir te visitar no céu. Eu não precisava nem me lembrar.
Só queria ir até lá, durante o meu sono, e estar ao seu lado quando você acordasse. Eu sabia que você chamaria por mim, e eu precisava estar lá, para te explicar o que tinha acontecido, para te confortar, te dizer que tudo ia ficar bem, te garantir que estaríamos sempre conectadas por um amor poderoso e indissolúvel.
Se isso aconteceu um dia, eu jamais soube.

52

Cápsula do tempo 2

De: Manoela
Para: Manoela (abra aos 25 anos)

- Parabéns por estar terminando a faculdade!
- Se ainda não estiver morando sozinha, não se desespere; é melhor fazer direito;
- Eu sei que essa é a idade que estipulamos para casar, mas se o príncipe encantado não tiver aparecido, NÃO SE APAVORE, lembre que tem até os 30 anos para começar a tua família;
- Não corte franja;
- Continue guardando dinheiro, vai ser importante na hora de ter filhos;
- Caso tudo tenha dado certo e você for se casar, faça tudo do jeitinho que você quiser; nós sonhamos com isso há anos, faça com que seja perfeito!
- Deixe o cabelo comprido, sério;
- Tente se exercitar, saúde é importante;
- Caso você esteja morando sozinha, mantenha contato com seus pais;
- Mantenha contato com as meninas!

- *Eu sei que você vai estar louca para adotar um bichinho se morar sozinha, mas lembre que não é legal deixar ele abandonado em casa o dia inteiro;*
- *Não queira ficar com <u>qualquer</u> um só pra casar, lembra que queremos o nosso príncipe, não um marido <u>qualquer</u>;*
- *Mesmo que não seja perfeito, dividir um apartamento com alguém pode ser um excelente primeiro passo!*
- *Aproveite que você ainda não tem filhos e viaje muito, seja com o teu marido, sozinha, namorado, amigas ou família.*

53

Se Deus realmente existisse, e fosse onipotente, onipresente e onisciente, bastava um estalar de dedos para que eu acordasse de um pesadelo e a vida voltasse ao normal.
Tentei tantos acordos.
Trocaria de lugar com você.
Daria um braço.
Daria uma perna.
Daria os dois braços e as duas pernas.
Ofereci tudo o que eu tinha, mas nenhum interessado apareceu.

54

Será que se fizéssemos tudo diferente, o final sempre seria igual? Como no filme da marmota?

55

Houve a fase em que eu buscava saídas extraordinárias.
Pesquisei sobre clones humanos.
Sonhei em te ter outra vez.
Li sobre experiências paranormais. Se não havia como reverter aquilo, quem sabe eu poderia passar por algum episódio de quase-morte e me encontrar com você, nem que fosse por míseros minutos.
Um acidente de carro, um enfarto, um AVC, uma cirurgia sem muito sucesso, uma parada respiratória. Tantas as oportunidades, tantas as histórias.
Te ver, te abraçar, me despedir e dizer para você não ter medo.
Te pedir perdão.
Dessa vez eu lembraria, mas não aconteceu.

56

10/12/2011

Hoje foi o último dia de apresentação. Fiquei triste, queria ficar fazendo isso para sempre.

24/12/2011

Fui para a praia com a Gaby e enquanto ela foi numa prancha/canoa, fiquei sozinha tomando sol por um bom tempo.
Resultado — fiquei entediada e decidi fazer uma lista dos prós e contras dos meninos que eu gostava.
Depois almoçamos cachorro-quente e nós duas começamos a alimentar os pombos. Joguei uma batata e eles começaram a brigar. UFC de pombos, como disse ela.
(Quando pegamos o avião à noite, um cara bonitinho sentou do meu lado, primeira vez NA VIDA que isso acontece. Até ofereceu pra pegar minhas malas.
Não dormi e fiquei vendo filmes a madrugada inteira.)

57

Eu passava muito tempo no seu quarto, deitada na cama, lendo seus diários de viagens.
Seu pai sentia pena de mim; seu irmão, indiferença. E nenhum dos dois conseguia derrubar as barreiras que eu criei ao meu redor. Desmontar seu quarto ia me contar no ouvido que você não voltaria mais.
E eu não queria ouvir isso.
Teus pedaços me foram arrancados aos poucos, aos muitos, muito antes que eu estivesse preparada para qualquer separação.

58

Será que você também sente minha falta?

59

Raiva, desespero, muita frustração comigo mesma.
Culpa, culpa, culpa.

60

Frequentei igrejas, centros espíritas, terreiros de umbanda. Conversei com muitos médiuns, pais-de-santo, religiosos; troquei e-mails com uma monja, nada me ajudou.
As religiões não me trouxeram nenhuma resposta, nenhum conforto.
Nada nem ninguém me convenceu.
Ainda assim, preciso acreditar que existe um depois.
Preciso acreditar que vamos nos ver outra vez, nem que pelo tempo de um abraço, para não morrer asfixiada por essa dor.

61

26/01/2014

Querido diário de aventuras, hoje sim, conhecemos Dublin. Tentamos pegar o café da manhã de graça, mas aquilo era um Hunger Games genérico. Achamos prudente comprar cereal do mercado da esquina. E, puta que o pariu, que treco ruim!
Juro que tentei comer, diário, juro mesmo, mas aquilo tava quase me fazendo vomitar. Pegamos nosso mapa e fomos turistar, coisa que levou 1 hora no máximo. Do nada veio um vento absurdo que quase nos matou, eu achei que ia sair voando ou bater com a cara na calçada (quando estávamos na direção contrária). Pra você ter noção, diário, eu não conseguia andar reto — ia de lado. Daí choveu (minha bunda congelou) e depois nevou. Yay. Olá, gripe! Cozinhamos o almoço (cof, cof, compramos pizza) e depois tiramos uma soneca que não estava planejada... por 3 horas! Decidimos acabar o dia num pub irlandês, o que foi super legal! Tinha uns caras tocando música típica, papai iria gostar. Claro que tínhamos que pegar outra pizza pro jantar porque custava 5 euros.

62

Quando fomos buscá-la, no final do intercâmbio do Canadá, e nos vimos de longe, achei impossível ser você, pois aquela era uma mulher, não a menina que eu havia colocado no avião dez meses antes. Mas você respondeu ao nosso chamado, então sua avó e eu corremos pela rua e nos abraçamos, nós três, com tanta intensidade que uma desconhecida que passava parou para nos dizer que a cena tinha sido linda, e que ela sentia muito de não ter uma câmera para registrar.

As tragédias não nascem prontas. Elas são tecidas dia a dia, sem que a gente tenha noção do que está sendo construído nos bastidores. Seguimos inocentes, sem suspeitar que o destino está se preparando para nos derrubar.

E o tempo? Esse abraço de filme acontece todos os dias na minha cabeça, assim como milhares de outros momentos especiais que vivemos. O passado virou o agora, o futuro não existe, nem existirá mais. E o amanhã? O amanhã está muito longe para eu saber se ainda darei conta.

63

Às vezes, preciso lembrar de você deitada no caixão para entender que você morreu.
Acabou-se, literalmente.

64

Vontade de deitar debaixo do cobertor, assistir
Gossip Girls, dividir o copão de Coca-cola e um pacote
de Pingo D'Ouro, e rir loucamente de coisas que só
nós duas achávamos engraçadas.
De passear na Liberdade, tomar um missoshiro e
conversar sobre a vida.
De lavar a louça do café da manhã de domingo
cantando os temas das princesas da Disney.
De tomar uma jarra de piña colada enquanto chovia na
praia e a gente jogava buraco.
De planejar festas, dar pitaco nas tuas compras on-line,
garimpar vestidos bacanas em lojas fuleiras.
Como eu conto pro meu coração que você não
volta mais?
Que nunca mais vou levar bronca por te dar
mordidinhas de amor, ou por errar as letras das músicas
mais óbvias?
Que nunca mais vou sentir teu perfume, pentear teus
cabelos, te abraçar apertado?
Que nunca mais?
Nunca mais é muito tempo.

65

Quando você tinha cinco anos, os produtos com
apelo para crianças não eram abundantes.
Um dia sua avó trouxe — toda feliz — um novo
xampu para você.
Havia desenhos em tons de vermelho na embalagem,
e você, alegre com o mimo, abriu a tampa empolgada.
Aspirou o perfume e, fazendo uma careta, decretou
desgostosa:
— Isso tem cheiro de formiga!!!

66

Que vontade de te pegar no colo e te segurar tão forte, que nem Deus pudesse te levar embora.

67

Sonhei que morávamos numa comunidade que se escondia numa sala esquecida do metrô. Eu e várias mães que tinham perdido seus filhos. Elas queriam se comunicar com eles e eu tentava provar que era possível. Lembro de nós duas comendo coisas estranhas, como Chokito de morango, e eu mostrando para as outras mães que você estava se alimentando normalmente.
De um momento para outro, apareceu um aparelho, tipo um aspirador voador (a esse ponto tínhamos todos virado desenho animado), e ele sugava as almas, para voltarem para o lugar em que deveriam ficar.
Nessa hora eu te abracei tão forte, te envolvi com tanto amor, disse que você não iria, berrei e gritei com esse aspirador, falei que ninguém ia te levar embora, que você não iria, que consegui!
Foi maravilhoso.
Mas logo em seguida, as outras famílias estavam sendo punidas fisicamente, e tive muito medo de ter causado um mal maior para você, por não ter deixado você seguir seu caminho.
Acordei assustada.
O que mais me impressionou foi a força com que evitei que você fosse sugada.
Foi muito poderoso.

68

Ando vazia de crenças.
Onde estava Deus naquela noite?

69

29/01/2014

May e eu tivemos refeições dignas de nobreza (até cozinhamos salmão, diário). Acho que devo ter tomado umas quinze xícaras de chá (é de graça e ajuda a minha garganta, tá?).
Fizemos amizade com brasileiros e passamos a noite conversando com eles. E eles falaram que iam pra Marrakech, o que fez com que eu sonhasse com calor, camelos e Alladin.
Quero fugir desse frio, diário.

70

> "E convencido eu mesmo,
> não preciso convencer os demais."
>
> *Edgard Allan Poe*

Como eu posso culpar o vento de ter espalhado minhas folhas, se fui eu quem deixou a janela aberta?
Hoje eu sei que te matei de várias maneiras que alguém pode matar alguém.

71

Dói pensar que em algum ponto, terei vivido mais tempo sem você do que com você.

72

Depois de sete meses, tive coragem de ir no Retrô cortar o cabelo com o Daniel. Como a gente responde às pessoas quando nos perguntam se está tudo bem? Como eu conto que minha filha morreu, que eu parei de existir e a vida virou um beco de dor sem saída?
Cortei o cabelo curto, como você sempre me sugeriu, pendurei o filtro dos sonhos (que você fez para mim na sua aula de First Nations), coloquei sua foto na minha cabeceira.
Nunca tiro o colar que você ganhou de 21 anos. Tento me preencher com esses pequenos consolos, para dar conta dessa ausência tão descabida.
E sigo assim, com você na minha vida, porque não há maneira de ser diferente.

73

Sonhei que você tinha ganhado umas asas enormes e lilases, de pele. (Justamente você, que não gostava de nada de pele. Lembra quando entramos numa loja que vendia sapatos fabricados com couro de cobras e você saiu da loja e foi chorar na calçada?) E estava me levando pelas mãos para conhecer o céu.
Você estava lindíssima, e tudo era maravilhoso.
Eu lembro que em alguns lugares eu te alertava que eu não tinha permissão (nós vivos) para entrar e eu ficava meio paralisada, meio retesada, como se aquela realidade fosse demais para minha cabeça entender.
Acordei agradecida.

74

Quando você tinha seis anos, a professora da escola lia todos os dias um trecho do livro *O pequeno vampiro*, da Angela Sommer-Bodenburg, e você ficou encantada e contaminada pelo tema. Queria usar sua capa preta e seus dentes com caninos pontudos o tempo todo.
Um dia, ao chegarmos do colégio, fiquei na função de organizar as mochilas, colocar as lancheiras na pia da cozinha, guardar os casacos. Gastei uns dez minutos nisso, até me dar conta que você não estava por perto. Perguntei (preocupada) para seu irmão onde você estava e ele, com a inocência de seus quatro anos, só me disse:
— Tá no baú.
Demorei alguns segundos para assimilar o que ele estava falando. Corri para o quarto e vi muitos brinquedos espalhados pelo chão. Abri rapidamente a tampa para encontrar uma menina de olhos fechados, deitada, com a capa de Drácula e seus dentes de vampiro, braços cruzados em X no peito, que cobriram os olhos com rapidez enquanto você gritava:
— Não, não, claridade não!

75

Continuo atônita.

76

Todos os dias, sinto saudades que contaminam o ar que eu respiro; meu peito infla e dói, seguro o fôlego por um tempo infinito, depois esvazio e murcho.
Tenho vontade de terminar de morrer.

77

Cápsula do tempo 3

De: Manoela
Para: Manoela (abra aos 30 anos)

- Se você estiver casada e com filhos, meus sinceros parabéns, você conseguiu seguir o plano. Caso essa não seja a tua situação, tenha um filho sozinha, NÃO QUEREMOS SER UMA MÃE VELHA!!
- Não trabalhe o tempo todo, dê prioridade para tua família;
- Tenha contato próximo com os teus pais;
- Peça ajuda para tua mãe, assim fica mais fácil administrar família e trabalho;
- Não corte franja;
- Agora seria uma boa hora para adotar um bichinho (se você ainda não tiver um);
- Lembre que você prometeu aos deuses que chamaria teus filhos de Luke e Leia se tivesse gêmeos;
- Deixe o cabelo comprido;
- Mesmo tendo uma família, tente não perder o contato com os amigos;

- *Use o dinheiro que você economizou com a tua família e continue guardando um pouco sempre;*
- *Seja uma mãe presente, faça com que a infância dos teus filhos seja mágica;*
- *Introduza teus filhos ao universo Disney.*

78

Já consigo sair, me distrair, rir. Mas todos os meus silêncios são seus.

79

> "Escuridão já vi pior,
> de endoidecer gente sã"
>
> *Flávio Venturini/Renato Russo*

Eu passei a noite sentindo enjoo, desconforto no peito, coração acelerado, parecia que tudo girava.
Sonhei que seu pai e eu seríamos intubados por causa do Covid, e quando olhei para cima, encostada no teto do hospital, estava você, estendendo a mão para mim, e me dizendo:
— Eu estou quase te alcançando.
Fiquei insegura, mas você afirmou que seu pai e o João iriam em seguida.
Era tudo tão real, e mesmo assim, a primeira coisa que fiz foi te abraçar longamente, porque se aquilo fosse um sonho, pelo menos eu tinha matado um pouco a saudade.
Logo estávamos os quatro numa autoestrada e chegamos numa espécie de conjunto residencial, onde fomos para um quarto muito pequeno. Seu pai estava impaciente porque aquilo não parecia nada com férias.
Você nos disse:

— Vocês achavam que eu estava superbem, que aqui era um paraíso, mas temos que lutar pra sobreviver a cada dia, sem confiar nos outros.
Nessa hora eu pensei que, se tivesse sabido das suas dificuldades, não teria dado conta.
Iria enlouquecer.
Reuniram as pessoas numa área comum e um superior explicava como as coisas aconteceriam dali em diante.
Eram muito mais proibições do que direitos.
Estávamos quase indo para lá quando você disse que, se nós fôssemos, você teria que voltar para o seu lugar (que não era aquele dos recém-chegados) e desistimos na hora, dizendo que ficaríamos os quatro juntos, eu não deixaria nunca mais você ficar sozinha.
Acordei passando muito, muito mal.

80

"Sinto que a faculdade de viver morreu em mim"

Marie Curie, na viúvez

Não consigo administrar a tua falta no meu peito.

81

Quando você tinha dez anos, a mãe de uma coleguinha da turma do seu irmão caçula morreu.
Quando eu te dei a notícia, seus olhos marejaram, você me abraçou, e senti o desespero que estava experimentando, como se me perguntasse:
— É permitido às mães morrerem?
Naquele dia eu disse ao meu anjo da guarda que, entre eu sofrer a tua perda ou fazer você sofrer aquela dor, eu preferia te poupar.
O meu anjo da guarda escutou.

82

Volta para mim, filha.

83

Sento ali fora e olho o céu. Um azul misturado de dia e noite, emoldurado pelas árvores e pelo silêncio.
Sinto um conforto por um milionésimo de segundo, um prazer de estar nesse lugar, nesse momento e me questiono se ainda quero morrer. A resposta: não tenho a mínima ideia.
Quando enterrei você, minha filha, enterrei junto todas as minhas certezas.
Estou perdida, sem saber o que pensar. Onde você estará agora? Haverá um reencontro?
Não sei.
Não sei no que eu acredito, se acredito ou se preciso acreditar.
"A culpa não foi sua. Nós sabemos, eles sabem, você também sabe."
Eu não sei de nada.

84

Preciso de um sorriso amarelo para que todos que acham que está na hora de reagir me deixem em paz.
Porque a verdade é que estou me esvaindo.
Quando estou sozinha, quero me dopar e cama. Preciso respirar fundo para dar conta de cada dia.
Preciso falar cada vez mais em você, enquanto os outros preferem calar.
A verdade é essa.
Estou fingindo o tempo todo.
Por isso é bom ficar sozinha.
Para ser eu mesma e sofrer em paz.

85

Sinto falta de você.
Falta de me ver no seu olhar.
Falta de ver o mundo com os teus olhos.
Vejo famílias inteiras, por que não nós?
Virei uma pessoa amarga, me ressinto de quem é feliz,
de quem sorri à toa.
Não gosto mais de quem eu sou.
Nem quero mais o Louis Armstrong me esperando no
céu, porque não acredito mais nesse wonderful world.

86

"Me façam forte novamente, da forma que só os ignorantes podem ser."

Elizabeth Thoma

87

Fomos comer uma feijoada no Garagem, tomei um Cosmopolitan, conversamos sobre coisas sérias, sobre coisas rotineiras. Dei muitas risadas, voltamos para casa para uma soneca, mas no exato momento em que eu encostei a cabeça no travesseiro, senti uma dor no peito, meu coração disparou, e fiquei chocada em me dar conta de que você realmente morreu.
Comecei a analisar as minhas opções. Tomar um Rivotril de 0,25 para ver se essa dor passa.
Tomar a caixa inteira.
Cortar a tela da varanda; 27 andares devem ser suficientes.
Lembrei da história que você escreveu.
"Os deuses não a deixavam morrer. Fugir do sofrimento não seria permitido."
O que fazer para sobreviver a cada novo dia?

88

Quando você morreu, minha mãe dizia que sentia uma dor física na barriga, no peito, e eu não entendia do que ela estava falando. Como diria a Alice Ruiz, "Socorro, eu não estou sentindo nada".

Alguns anos depois, eu comecei a experimentar um fenômeno que eu chamo de buraco negro, e me acompanha até hoje.

Quando eu me deito durante o dia (e eu preciso fazer isso com alguma frequência), escorrego pra dentro do buraco e lembro da Alice, de Lewis Carol, caindo, caindo, numa queda sem fim. Entro num transe repleto de muito medo, me amortece o corpo todo e tenho sobressaltos, coração aos solavancos, latejando no pescoço.

Fico presa num estado de semiconsciência, num lamaçal, como areia movediça, e sinto a tal da dor física no peito, como se eu tivesse um tijolo no diafragma, mas querendo explodir de dentro para fora. Uma imensa dor de cabeça, exaustão e desespero.

Tento gritar por socorro, para que alguém me resgate dessa paralisia dolorosa. Tenho certeza que nunca mais conseguirei me mover, vou morrer ali sozinha, incapaz de reagir.

É uma mistura de me salvem e me deixem morrer.
Uma estátua numa poça de dor.

89

Não acredito, não entendo, não aceito. Levo milhares de microssustos por dia.
Como é inverossímil que não exista volta, conserto, reparo.
Sinto você viva dentro de mim.
Leio seus diários de viagens e consigo ouvir você falando e visualizar você fazendo as coisas que está contando.
Eles são agora o meu maior tesouro.

90

Querido diário de aventuras, hoje também não foi um dia muito bom. Fomos na bendita praça, nos perdemos e vimos pessoas vendendo filhotes de falcão/ cabeças de bode / peles fedorentas que ficavam jogadas no meio da rua e batendo em burros ou puxando macacos por correntes amarradas nos pescoços.
Eu chorei.
Almoçamos num lugar famoso que era horrível, jantamos num lugar horrível. Acabei a noite comendo nutella com o cabo da escova de dente.
Pelo menos eu comprei uma lâmpada mágica.
Ah, uma mulher foi bem sacana comigo e eu fiquei puta e não comprei mais dela.
#atitude

91

- Náuseas
- Dor no peito
- Cólicas
- Dor na nuca
- Falta de apetite
- Frio, muito frio
- Dor de cabeça
- Tontura
- Dor nas costas
- Dor de garganta
- Vertigem

Todos os exames dentro dos padrões da normalidade.

92

Por que isso aconteceu conosco?
E por que não conosco?
Duvido muito que eu tenha assinado um contrato com essas condições, mas mesmo assim, por acaso nos garantiram alguma isenção especial na hora de embarcar nessa viagem?
Quando nos tornamos mães e pais, acreditamos poder proteger nossas crias de uma forma que, na verdade, não podemos.
Se nos é permitido experimentar o amor de forma tão incondicional, por que nos fazer tão impotentes?

93

Hoje sonhei com você e acordei com dor de cabeça.

No sonho, você tinha desaparecido e depois de muita confusão eu conseguia te encontrar. Você devia ter uns quatro ou cinco anos. Beijei, abracei, agarrei, disse para você nunca mais sumir!

Mas aí as imagens do enterro apareceram, e eu me dei conta de que na vida real você não iria voltar.

Acordei destruída.

94

- Angústia
- Ansiedade
- Tristeza
- Depressão
- Terror
- Paralisia
- Confusão mental
- Falta de concentração
- Fadiga
- Desesperança
- Taquicardia

Transtorno Bipolar Tipo 2
Transtorno da Impulsividade
Luto Tardio

95

Tenho vontade de me esfaquear diariamente, quebrar o boxe do banheiro, arrancar pedaços de mim.
Existir dói demais.

96

Hoje sonhei que eu tinha duas Manoelas, gêmeas, iguaizinhas, com o mesmo nome. Que uma tinha feito intercâmbio no Canadá e outra na Alemanha.
E que uma só tinha morrido.
Meu inconsciente tentando em desespero te recuperar.

97

Não vai passar nunca, não é?

98

Coisinhas à toa que aqueciam meu coração.
(Em homenagem a Otavio Roth):

• Os suspirinhos que ela dava nos primeiros dias de vida, enquanto cochilava;
• O jeito que ela rebolava na cadeirinha quando a comida chegava;
• A paixão que ela tinha pelos pátamas (dálmatas);
• Como ela mudava de lugar no sofá da sala, conforme sentia medo ou entusiasmo com o desenho que estava assistindo;
• O jeito que ela cantava o "Lobo Bobo", de João Gilberto, inteirinho e apaixonante, aos três anos de idade;
• As terças-feiras, o dia oficial de dormirmos juntas e agarradas;
• Ela correndo como um tufão pelo pátio do colégio, deixando todos para trás, inclusive eu.

99

"Entre as dores, as do corpo
são quase um alívio."

Da personagem Maju, em **Suíte Tóquio,**
de Giovana Madalosso

100

Você sempre foi uma menina superlativa, intensa e com um humor muito peculiar. Isso ficava claro nos seus relatos frequentes:

07/11/2011

Hoje eu morri, fim.
(aula de Educação Física)

04/12/2011

Estou morrendo. Acordei doente e só fui piorando durante o dia.

14/01/2014

Querido diário de aventuras, hoje eu passei por uma experiência de morte iminente...

16/01/2014

Querido diário de aventuras, hoje chegamos em Paris. Visitamos Notre Dame e procurei muito o Quasímodo, mas não achei. Frustrante.

27/01/2014

Querido diário de aventuras, hoje o caos reinou.

28/01/2014

Acredito que o fim esteja próximo, diário.

29/01/2014

Querido diário de aventuras, eu continuo doente. Fomos visitar o Castelo de Edinburgh e eu achei que ia tossir até morrer, desmaiar e cair lá de cima...

04/02/2014

Querido diário de aventuras, eu achei que iria morrer hoje (sim, de novo).

07/02/2014

No final deu tudo certo e eu não morri.
P.S.: Na subida da morte teve um francês que me deu a mão e salvou minha vida. Eu obviamente me apaixonei por ele.

101

Os primeiros meses, os primeiros anos, foram de paralisia.
A dor foi me preenchendo como uma infiltração,
que vai vazando aos poucos até tudo ficar inundado.

102

Cápsula do tempo 4

De: Manoela
Para: Manoela (abrir aos 35 anos)

- *Se TUDO o que a gente planejou deu certo, você está casada, com 3 filhos e feliz; se a vida seguiu de outro jeito, não tem problema, eu só espero de verdade que você tenha um filho;*
- *A vida deve estar meio impossível agora, momento de contar com família e amigos para dar conta;*
- *Não corte franja;*
- *Deixe o cabelo comprido, você não vai poder deixar ele assim por muito tempo;*
- *Tente levar os teus filhos pra Disney, vai ser mágico pra todo mundo;*
- *Não perca contato com os amigos por causa da tua família, é difícil, mas não impossível;*
- *Curta a tua família ao máximo;*
- *Lembre que envelhecer faz parte, cada ruga é um sorriso que você deu em vida.*

103

Será que estou melhorando ou enlouquecendo?
Me olho no espelho e não sou a mesma mãe que você deixou pra trás.
Envelheci, engordei, perdi completamente a vaidade.
Me resignei a ser opaca.
Me agrada me ver desvanecendo.
Não mereço viver e ser feliz.

104

Coisas para Deus Guardar

Conseguir ter o cabelo que eu quero.
Tocar um instrumento.
Ir morar em L.A. logo.
Voltar a cantar bem.
Ser uma atriz respeitada em Hollywood.
Virar vegetariana.
Ter amores menos impossíveis, mais reais.
Pensar mais no que é bom pra mim.
Conhecer o Diego.
Conseguir ser uma boa psicóloga.
Ter mais confiança.
Conseguir ter minha família.
Fazer meus pais se orgulharem de mim.
Ajudar o mundo.
Não sentir mais raiva o tempo todo.
Nunca mais pensar em me matar.
Ser lembrada.
(papéis cortados, escritos à mão, dobrados, dentro de uma caixa de madeira com esse título.

P.S.: Manô se entendia ateia.

105

Em janeiro de 2019, sonhei com você vindo me dar um gatinho branco de presente. Foi um sonho lindo e, quando acordei, avisei seu pai que teríamos outro bichinho (na época já tínhamos dois cachorros e dois gatos, e ele me respondeu: "Nem a pau!"). Eu só comuniquei que, se eu achasse o teu gatinho, é claro que ficaria com ele.
Os meses passaram, nenhum gato apareceu, e a vida seguiu.
Um dia, cheguei na casa da praia à noite, sozinha, e por algum motivo que não lembro, estava muito mal-humorada, com vontade de matar alguém. Comecei a pensar com meus botões: "O que eu posso fazer pra melhorar?".
- Comer uma comida bem gostosa. (eu não sei cozinhar, e não estou a fim de pegar o carro e ir para um restaurante sozinha.)
- Abrir um vinho? (mas beber sozinha? Uma garrafa é muito pra mim.)
- Assistir alguma coisa?
(Liguei a TV, deitei no sofá e declarei: "A única coisa que faria eu ficar de bom humor hoje, seria você me mandar o gato que ficou me devendo!".)

Dez minutos depois, entra uma gata linda, branca e maravilhosa em casa (as portas-janelas estavam abertas), andando devagar, sobe no sofá e se aconchega nos meus pés.
Chegava a Amada!

106

Quero encontrar você, e no mundo que eu conheço, a única forma de fazer isso é morrendo. Mas não tenho a mínima ideia do que acontece quando a gente morre, e me pergunto se posso ficar à deriva, sem você e sentindo falta dos que ficaram para trás.

Eu sei que vou morrer, todo mundo sabe. E ainda assim, isso me parece tão irreal. Como uma promessa que nunca é cumprida.

Será que isso acontecerá hoje? Ou daqui a quarenta anos? Será que terei consciência que estarei morrendo? Será que o desespero da saudade e o inconformismo um dia vão passar?

107

Hoje abri o aplicativo de música e busquei por trilhas sonoras das princesas da Disney.
Ensaboei os pratos, mas o que começou a tocar foi a playlist anterior, um soul bacana. Me enredei em saudades e lembranças e percebi que mesmo sem as nossas músicas favoritas tocando, meu pensamento ia todo para você.
Lembrei de coisas boas e outras dolorosas, entendi que não preciso de nenhum artifício para estar conectada.
Pensei no livro que estou escrevendo.
A notícia da morte pode despertar diferentes reações nas pessoas, e todas são legítimas, mas a percepção da morte acontece a conta gotas, no dia a dia. Quando a gente percebe que não irá mais ao circo, quando a gente recebe as encomendas que a pessoa tinha feito, quando os cartões de feliz aniversário chegam numa data sem aniversariante para comemorar.
Quando eu me pego lavando a louça do domingo sozinha e acompanhada ao mesmo tempo, com sua voz conversando comigo o tempo todo.
Quando eu sei que nem a morte conseguiu tirar você de dentro de mim.

108

Tempo[*]

Somos como barcas
Deslizando pelo tempo,
E nesse tempo
Há que tecer a trama
Da vida
Com fios de amor e sonho,
Para que a viagem seja leve,
Para que a viagem seja bela.

ROSEANA MURRAY

[*]convite de formatura da oitava série da
Escola Palmares, Turma 2008

109

Tem dias que a vida é boa, em outros a dor é paralisante. Sonhei que eu não sabia mais o que fazer para me desfazer dela.
Resolvi tomar um remédio para dormir. Aquele dia já estava perdido, não tinha condições de fazer mais nada. Eu tinha completa noção que ainda eram quatro da tarde, não era hora de dormir. Que meu sono ia ficar todo bagunçado, que eu deixaria alguém sozinho e frustrado na hora do jantar, e que muita coisa que eu precisava fazer ficaria para trás.
Mas estava doendo demais.
Resolvi tomar dois comprimidos de uma vez, para garantir que eu acordasse só no dia seguinte. A dor deveria ter ido embora até lá.
Acordei às três da madrugada, e tinha uma bola de canhão dentro do peito. Que vontade de esbravejar, de berrar, de gritar até perder a voz. Que vontade de sair correndo até sei lá onde. Que vontade de parar de sentir dor. Tomei mais dois comprimidos, que era para conseguir dormir àquela hora da madrugada.
Eu não lembro quando foi que acordei depois, e nem quantos comprimidos eu tomava a cada vez que abria meus olhos, mas eu lembro da necessidade de só

apagar por mais um pouco, até tudo ficar melhor. Essa roda-viva levou um tempo até as pessoas perceberem o que estava acontecendo, e tentarem me salvar.
Quando finalmente acordei, pude ouvir sua voz com clareza:
— Foi assim, mamãe.

110

Você foi uma menina multidisciplinar. Cursou de mecânica à esgrima. Fez ginástica rítmica e depois conquistou a faixa preta no taekwondo.
Corajosa, viajou sozinha aos 14; aos 18 fez um ano de intercâmbio no Canadá; aos 20, fez um mochilão pela Europa.
Jogava (e bem) de xadrez a tênis.
Cantava, atuava, escrevia e sapateava.
Como uma pessoa pode ser tanto?

111

Sinto muito por ter brigado com você enquanto eu fazia
o seu irmão dormir. Você era tão pequeninha, precisava
de atenção, mas eu estava sozinha em casa
e ele acordava a cada barulhinho, cada vez que você
entrava no quarto animada para me contar o que
estava assistindo.
Seus olhos se encheram de lágrimas, e você me disse
que não se falava assim com um filho.
Até hoje me martirizo quando lembro dessa cena,
e meu coração se despedaça.
Sinto muito por ter esquecido o dinheiro da fada
do dente, numa das vezes que você deixou seu
dentinho debaixo do travesseiro.
Sinto muito pela apresentação de inglês no Palmares
a que eu faltei.
Sinto muito por não ter antecipado a minha volta
daquela viagem à Bahia, quando você me ligava todo
dia chorando de saudades.
Sinto muito por não ter comemorado de forma efusiva
quando você entrou na faculdade.
Sinto muito por não ter te acompanhado em muitas
vezes que você me chamou para passear, porque
eu estava depressiva.

Sinto tanto de não ter levantado e ter ido tomar um chá com você naquela última noite. Uma bebida quente e um pouco de carinho e conversa não teriam feito toda a diferença?
Sinto muito por não ter te apoiado o suficiente.
Sinto muito por não ter te protegido como eu deveria.
Sinto muito por não ter percebido o tamanho da sua dor.
Sinto muito por não ter te socorrido a tempo.
Sinto muito por não ter entendido a gravidade da situação.
Enquanto eu achava que você estava descansando, você morria aos poucos no quarto do lado.
Sinto muito por não ter te salvado.
Sinto muito.

112

Me perdoe, filha.
Me perdoe.

113

Nada é tão simples.
Se você me desse uma máquina do tempo, eu não saberia o que fazer com ela, não saberia como consertar tudo isso.

114

No nosso último diálogo, eu briguei com você por ter tomado todos esses remédios e meu coração pesa de dor e arrependimento. Como eu queria voltar no tempo e te encher de beijos, nem que fossem beijos de despedida. Vê se tem cabimento, você, que sempre foi uma filha impecável, morrer levando bronca.

115

"Eu sempre disse que a única coisa da qual eu não sobreviveria era perder um filho. Eu estava certa. A pessoa que eu era se foi. Eu tomei o seu lugar"

Kirsten Wood

116

Todos os dias, eu tento entender o que aconteceu, como a vida me trouxe até aqui.
O que eu queria é que isso desacontecesse.

117

"Se você simplesmente não consegue entender porque alguém está enlutado por tanto tempo, então se considere afortunado por não entender."

Joanne Cacciatore

118

Eu estava no seu quarto quando vi uma borboleta. Abri a janela para ela sair e ela insistiu em voar de volta e pousar em mim. Pensei que podia ser você, que amava tanto as borboletas, vindo me visitar.
Sei que tenho que abrir a janela para você voar livre.

119

Me contaram um dia desses que durante a gravidez, as células da mãe e do bebê se intercambiam através da placenta. As células do feto se fixam no fígado, medula espinhal, tireoide, intestino e artérias, e algumas estabelecem residência permanente e por toda a vida no coração e no cérebro da mãe. Não sei dizer se a informação é precisa, ou tão poética, mas me caiu bem saber que você é, literalmente, parte de mim, e seguirá para sempre comigo.

120

24/11/2021

Filha,

Lembro da primeira vez que senti você se mexendo na minha barriga, tive a impressão que você levantou um braço e passou a mão de um lado para o outro, e não encontro palavras para descrever aquela emoção.
Fiquei extasiada.
Fazer uma nova pessoinha é milagroso.
Nós nunca fizemos muitos planos, nem criamos expectativas sobre o seu futuro (que você virasse médica, cientista, sapateira ou intelectual).
O que eu queria mesmo era que você fosse uma criança feliz. E você era a mais saltitante, palhacilda e careteira de todas, inventava brincadeiras e gargalhava aos montes.
Queria te proporcionar uma infância lúdica, e você sempre foi uma acreditadora. Enquanto seu irmão, com quatro anos, tinha a certeza que o dinossauro que estava no parque era um robô, você, aos seis, argumentava que o dino estava fazendo xixi, como ele podia questionar os fatos?
Queria também que você fosse uma pessoa do bem.

E você foi a menina mais doce que eu já conheci. Foi generosa, humilde (lembra quando a priminha te contou toda empolgada que tinha ganhado uma barbie indiana, que era o último lançamento, e você só sorriu e disse *que máximo,* sem contar que você também já tinha uma?).
Com essas pequenas atitudes você nos ensinou tanto. Distribuía seus sorrisos para todos, principalmente para aqueles que pareciam não ter nenhum para oferecer. Era o seu desafio preferido, arrancar um sorriso de pessoas rabugentas (e sempre conseguia!).
Amava os contos de fada, mas falava muito palavrão.
Minha princesa boca suja.
Meu doce, doce, mais doce que batata doce.
Sua partida dividiu minha vida em duas partes, fiquei cindida pela dor.
Mesmo passados seis anos, dói todo dia e já entendi que doerá para sempre, mas passaria por tudo de novo para poder te dar só mais um beijo.
Com amor,

Mãe

121

Quando era pequena, motivada por uma animação da Disney, você resolveu que queria ser um leão. Na época, tinha um macacão de pelúcia com uma juba no capuz, e passava os dias correndo e rugindo pela casa.
Você acreditava com fervor que viraria um leão, e acordava todas as manhãs ansiosa, esperando ter sido metamorfoseada.
Muito tempo se passou até você entender que a vida não era uma ficção de Kafka.

122

> "Gosto muito de te ver, leãozinho
> Caminhando sob o sol
> Tua pele, tua luz, tua juba"
>
> ***Caetano Veloso***

123

Vendemos a casa de Curitiba, filha. Fiquei triste em me despedir, como se estivesse deixando pra trás parte das nossas vidas. Ficam os momentos bons que passamos lá, as festas, os churrascos, as risadas, os passeios pelo bosque catando pinhão, a nossa amoreira.
Ficam as paredes que ouviram as nossas histórias, o jardim que alegrou os nossos dias, as lembranças que ninguém nos tira, de uma felicidade quase palpável.
Com a sua partida, meu mundo ficou de cabeça para baixo, e as pessoas me dizem que a vida continua, mas não será assim. Sei que ainda tenho parte do meu coração caminhando por esse planetinha, tenho propósitos e tarefas, tenho até sorrisos e momentos felizes.
Sei também que certas dores não se curam, a gente só aprende a disfarçar, pra não deixar as pessoas que a gente ama sofrerem por nós.
Como aprendi com minha avó, vamos para frente, mas sigo pela metade, esperando pelo momento de te reencontrar, te abraçar e te beijar outra vez, te olhar nos olhos e te dizer como eu amo você mais do que a mim mesma.
Enquanto isso não acontece, sigo amando quem me é

possível, porque se eu pudesse resumir seus 21 anos numa palavra, resumir o seu legado, com toda certeza essa palavra seria AMOR.

124

Filha,

Hoje vi um vídeo seu e você estava tão linda, com seu cabelo cor-de-rosa-choque, que até doeu. Saudade infinita, saudade gigante, saudade sem pé nem cabeça. É impossível saber como estariam nossas vidas se você ainda estivesse aqui. Que desafios a vida te apresentaria. Para mim, você terá sempre 21 anos. Apesar de não dormir mais no quarto ao lado, mora dentro de mim. Não posso mais te abraçar e te beijar, mas posso ouvir a tua voz na minha cabeça, lembrar da tua risada, te deixar viva na minha vida e deixar o melhor de você sempre presente. Meu coração segue apertado, doído, mas preenchido.
Guardo você, em cada pedaço meu, a cada hora do dia, de tantos jeitos, e com todas as idades, como um caleidoscópio com mil combinações, delicioso e surpreendente.
De todas as memórias, a imagem que eu gosto mais de lembrar é a de você pequena, na praia, minha leãozinha preferida, correndo pela areia, livre, corpo dourado, juba voando, gargalhando e rugindo feliz.

Mãe

"Eu vou virar uma estrela e, como os grandes reis do passado, viverei pra sempre dentro de vocês."

Manoela Gomes Tavares,
Inspirada no Rei Leão

Nota da autora

Depois de lutar seis anos contra uma depressão fortíssima, Manoela foi derrotada por um mau jeito nas costas. Por dois meses, procuramos muitos médicos, ela fez diversos exames e foram receitados diferentes tratamentos e medicações, que iam se somando sem resultado.

O desespero, e a impossibilidade de dormir pela dor, fez com que ela se automedicasse com analgésicos e antidepressivos e caísse num sono profundo que confundiu pais e médicos. Morreu aos 21 anos, vítima de uma hepatite fulminante, que costuma matar em quatro dias, mas levou-a em sete horas — sendo quatro dessas tomadas até que os médicos fizessem o diagnóstico. Ela chegou a entrar como prioridade na lista para transplante de fígado, mas seus órgãos entraram em falência pouco depois.

A teoria da equipe médica foi que a hepatite foi causada pelo consumo de uma dose de paracetamol que teria excedido 4 g/dia. Tínhamos uma embalagem americana com 200 cápsulas de 1g – 50 vezes a dose segura por dia, que circulava pela casa, sem que jamais imaginássemos que havia qualquer perigo.

No Brasil é vendido sem receita, qualquer pessoa pode comprar.

Alguns trechos deste livro são citações de outros autores e artistas que parecem dizer diretamente a esta história. Quase todas elas estão identificadas e agradecemos aos autores por autorizarem o uso nesta obra. A citação do fragmento 43 é de uma personagem de Isabel Allende.

Agradecimentos pessoais

Ao Marcio, meu amor, amigo e cúmplice na minha maior realização, a maternidade.
Ao meu filho João Pedro, o meu motor propulsor e a outra parte de mim.
À Luzia, minha sobrinha-filha, por acolher o meu luto com maestria e me salvar de mim mesma.
A meus pais, Célia e Edison, pelo amor, incentivo e presença constante.
À família Beco, que me socorreu rapidamente no momento da tragédia.
À Thereza, que caminhou ao meu lado no momento mais difícil.
À Rapha, minha primeira amiga, que segue insistindo para eu continuar respirando.
À Rose, minha fiel escudeira, que chorou comigo, me amparou, e me cuida até hoje.
À Rô Caseiro, que sempre teve a palavra certa na hora adequada.
Ao Dr. Geraldo Busatto, que me acompanha há mais de dez anos, e foi impecável no meu atendimento, desde o dia da grande dor até hoje.
À Fernanda Pimentel, que me ajudou a descer este grande despenhadeiro, e organizar as dores dentro de mim, tornando esse livro possível.

Ao Dr. Adriano Namo Cury, que com um olhar humano, muita dedicação e total disponibilidade, acolheu minhas queixas do corpo e da alma.

À Reginandrea Vicente, que pegou o bonde andando, sentou na janela (com muita propriedade) e tem estado junto comigo, sempre.

A toda a minha família e todos os meus amigos pelo apoio, colo, carinho e suporte durante essa dura jornada, que nunca desistiram de mim.

Agradecimentos literários

Esse livro existe graças ao olhar amoroso e profissional de Adriana Calabró.
Obrigada ao Beco de Escritoras, por existirem, por respeitarem os meus silêncios e estarem a postos quando eu consegui voltar a escrever. Por me incentivarem a registrar essa história, com um agradecimento especial à Lídia Izecson, por me levar pela mão para a Editora Quelônio.
Obrigada ao Bruno Zeni e à Silvia Nastari, pelo trabalho primoroso.
Obrigada aos organizadores da FLIP – Festa Literária Internacional de Paraty – porque lá eu me descobri escritora.
Obrigada aos autores/oficineiros que vêm me ajudando a burilar o meu caminho pelas letras.
Obrigada a todos os autores que eu li até hoje, que me ajudaram a construir meu repertório literário.

Daniele Gomes Tavares é uma curitibana radicada em São Paulo que ama o mar. Formada em Comunicação Social, publicou em antologias e plataformas digitais, é cofundadora do Beco de Escritoras e leitora voraz. Já flertou com o teatro, foi bailarina e coreógrafa, mas sua maior vocação é a maternidade.

Fontes Helvetica e Myriad Pro
Impressão Psi7
Papéis Pólen Bold 90 g/m²
e Cartão LD 250 g/m²
Tiragem 500 exemplares
São Paulo, abril de 2023

© Daniele Gomes Tavares, 2023
© Editora Quelônio, 2023

Edição e revisão Bruno Zeni
Capa e projeto gráfico Sílvia Nastari
Imagem de capa ilustração de Marina Quintanilha
Colaboração na edição do original Adriana Calabró

Dados Internacionais de Catalogação na Publicação (CIP)
(Laura Emilia da Silva Siqueira CRB 8-8127)

Tavares, Daniele Gomes.
　　Parte de mim / Daniele Gomes Tavares; capa e projeto gráfico,
Sílvia Nastari; 1ª ed. – São Paulo: Editora Quelônio: 2023.
　　160 p. ; 13 x 20 cm.

ISBN 978-65-87790-46-6

1. Ficção: Literatura brasileira
I. Tavares, Daniele Gomes. II. Nastari, Sílvia.

13-20235　　　　　　　　　　　　　　　　　　　CDD 869.93

Índices para catálogo sistemático:

1. Ficção: Literatura brasileira

869.93

Rua Venâncio Aires, 1072
Vila Pompeia / São Paulo - SP
CEP 05024-030
www.quelonio.com.br